新华通讯社
半月谈新媒体中心

Calendar

2017

1/JANUARY

S	M	T	W	T	F	S
				1	2	3
				初四	初五	初六
4	5	6	7	8	9	10
初七	初八	初九	初十	十一	十二	十三
11	12	13	14	15	16	17
十四	十五	十六	十七	十八	十九	二十
18	19	20	21	22	23	24
廿一	廿二	廿三	廿四	廿五	廿六	廿七
25	26	27	28	29	30	31
廿八	廿九	三十	春节	初二	初三	初四

2/FEBRUARY

S	M	T	W	T	F	S
1	2	3	4	5	6	7
初五	初六	初七	初八	初九	初十	十一
8	9	10	11	12	13	14
十二	十三	十四	十五	十六	十七	十八
15	16	17	18	19	20	21
十九	二十	廿一	廿二	廿三	廿四	廿五
22	23	24	25	26	27	28
廿六	廿七	廿八	廿九	二月	初二	初三

3/MARCH

S	M	T	W	T	F	S
1	2	3	4	5	6	7
初四	初五	初六	初七	初八	初九	初十
8	9	10	11	12	13	14
十一	十二	十三	十四	十五	十六	十七
15	16	17	18	19	20	21
十八	十九	二十	廿一	廿二	廿三	廿四
22	23	24	25	26	27	28
廿五	廿六	廿七	廿八	廿九	三十	三月
29	30	31				
初二	初三	初四				

4/APRIL

S	M	T	W	T	F
			1	2	3
			初六	初七	初八
5	6	7	8	9	10
初十	十一	十二	十三	十四	十五
12	13	14	15	16	17
十七	十八	十九	二十	廿一	廿二
19	20	21	22	23	24
廿四	廿五	廿六	廿七	廿八	廿九
26	27	28	29	30	
初二	初三	初四	初五	初六	

5/MAY

S	M	T	W	T	F	S
					1	2
					初五	初六
3	4	5	6	7	8	9
初七	初八	初九	初十	十一	十二	十三
10	11	12	13	14	15	16
十四	十五	十六	十七	十八	十九	二十
17	18	19	20	21	22	23
廿一	廿二	廿三	廿四	廿五	廿六	廿七
24	25	26	27	28	29	30
廿八	廿九	四月	初二	初三	初四	初五
31						
初六						

6/JUNE

S	M	T	W	T	F	S
	1	2	3	4	5	6
	初七	初八	初九	初十	十一	十二
7	8	9	10	11	12	13
十三	十四	十五	十六	十七	十八	十九
14	15	16	17	18	19	20
二十	廿一	廿二	廿三	廿四	廿五	廿六
21	22	23	24	25	26	27
廿七	廿八	廿九	六月	初二	初三	初四
28	29	30				
初五	初六	初七				

7/JULY

S	M	T	W	T	F	S
			1	2	3	4
			初八	初九	初十	十一
5	6	7	8	9	10	11
十二	十三	十四	十五	十六	十七	十八
12	13	14	15	16	17	18
十九	二十	廿一	廿二	廿三	廿四	廿五
19	20	21	22	23	24	25
廿六	廿七	廿八	廿九	闰六月	初二	初三
26	27	28	29	30	31	
初四	初五	初六	初七	初八	初九	

8/AUGUST

S	M	T	W	T	F
2	3	4	5	6	7
十一	十二	十三	十四	十五	十六
9	10	11	12	13	14
十八	十九	二十	廿一	廿二	廿三
16	17	18	19	20	21
廿五	廿六	廿七	廿八	廿九	三十
23	24	25	26	27	28
初二	初三	初四	初五	初六	初七
30	31				
初九	初十				

9/SEPTEMBER

S	M	T	W	T	F	S
		1	2	3	4	5
		十一	十二	十三	十四	十五
6	7	8	9	10	11	12
十六	十七	十八	十九	二十	廿一	廿二
13	14	15	16	17	18	19
廿三	廿四	廿五	廿六	廿七	廿八	廿九
20	21	22	23	24	25	26
八月	初二	初三	初四	初五	初六	初七
27	28	29	30			
初八	初九	初十	十一			

10/ OCTOBER

S	M	T	W	T	F	S
				1	2	3
				十二	十三	十四
4	5	6	7	8	9	10
十七	十八	十七	十八	十九	二十	廿一
11	12	13	14	15	16	17
廿二	廿三	廿四	廿五	廿六	廿七	廿八
18	19	20	21	22	23	24
廿九	三十	九月	初二	初三	初四	初五
25	26	27	28	29	30	31
初六	初七	初八	初九	初十	十一	十二

11/NOVEMBER

S	M	T	W	T	F	S
1	2	3	4	5	6	7
十三	十四	十五	十六	十七	十八	十九
8	9	10	11	12	13	14
二十	廿一	廿二	廿三	廿四	廿五	廿六
15	16	17	18	19	20	21
廿七	廿八	廿九	十月	初二	初三	初四
22	23	24	25	26	27	28
初五	初六	初七	初八	初九	初十	十一
29	30					
十二	十三					

12/DECEMBER

S	M	T	W	T	F
		1	2	3	4
		十四	十五	十六	十七
6	7	8	9	10	11
十九	二十	廿一	廿二	廿三	廿四
13	14	15	16	17	18
廿六	廿七	廿八	廿九	三十	冬月
20	21	22	23	24	25
初三	初四	初五	初六	初七	初八
27	28	29	30	31	
初十	十一	十二	十三	十四	

学者非必为仕，而仕者必为学。

——《荀子·大略》

01

奔跑吧！中国人

运动是一种素质，锻炼是一种习惯，健康是一种追求。新一轮大众健身热极大地拓展、深化了健身的理念、价值、内涵，健身日益成为人们追求的一种精神生活方式，融为新生活文明一部分。在此中，人们自如表达内心感受与情绪，塑造个性与人格，展示青春活跃、朝气蓬勃、阳光向上的精神气象；而且，在运动的疲倦与汗水中，人们往往也会蓦然发现幸福之源，顿悟生命意义。

02

新乡贤

“乡贤”一词，是古代中国统治者对乡村社会中有作为的官员，或有崇高威望、为社会作出重大贡献的社会贤达去世后予以表彰的荣誉称号，是对其人生价值的肯定。千百年来，多少从农村走出的杰出之士，或为官治学，或经商习艺，最后多会因莼鲈之思衣锦还乡、落叶归根。他们中的不少人回乡之后，并不是诗酒自娱、过自家的小日子，而是以道德文章滋润乡里，在基层社会自治、民族文化传承当中起着诗书传家、尊师重教、纯化风俗、和睦相邻、稳定秩序的作用，是为“乡贤”。乡贤的影响不是来自行政力，而是来自感染力，春风化雨，润物无声。中央领导也在多个场合、多次讲话中提到，建设新农村、弘扬社会主义核心价值观要发挥“新乡贤”的作用。

03

饥饿美学

“饥饿感”于我们而言，一方面意味着一定程度的守“缺”状态。在很多时候，我们都有求全的心理，事事追求完美。而现实是我们的精力有限，不可能所有事情都做到尽善尽美。在实现目标的过程中，我们必然要经历失败。因此，我们必须学会专注于自己的目标，不为过多的欲望和杂念占据头脑。这就是曾国藩所说的“小人求全，君子守缺”。

另一方面，“饥饿感”是一种缺乏的状态，它带来的危机意识，使我们时刻保持头脑清醒。每个人都应该坦然接纳和应对生命旅程中发生的一切，全身心地认知生命，珍惜生命，努力创造和享受心灵自由和生命的快乐，最大限度地赋予自己的生命以应有的积极意义。

不妨对生活保持一定的“饥饿感”，这样才能让我们一直幸福。

04 二次元

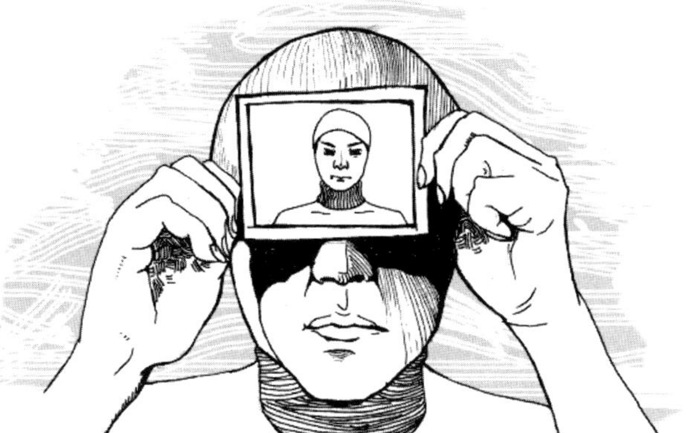

自从大众文化打上互联网烙印，“精分”（精神分裂）这个词成为不少年轻人自谑时的时髦用语——这个时代的“我”，和“另一个我”并存着，犹如一半海水一半火焰，在过去与现在、现实和理想的切换中，或围观吐槽，或振臂呐喊。有人走遍世界，在旅途中寻找“另一个我”，有人在“二次元”（引申为“架空世界”）世界里，绽放头脑的烟火。“在隆冬，我终于知道，身上有一个不可战胜的夏天”——正如存在主义哲学家们所说，在精神世界寻找与自我的和解，才能获得生的力量和心的安宁。

05

虚拟现实

虚拟现实简称 VR(Virtual Reality)，是利用计算机技术模拟产生三维空间，营造出一个接近真实的虚拟世界，可广泛应用于人工智能、教育培训、医疗健康、游戏娱乐、设计与规划等众多领域。随着谷歌、Facebook(脸书)、三星、索尼、微软等一批世界顶级公司涉足虚拟现实领域，该行业逐步走进大众视野，并迅速成为投资热点。VR 的魅力和潜力不仅是它能带来视听上的震撼，也不仅是将事物数字化呈现，它还会将人们的想象力在虚拟空间里具象化，进而增加在现实世界中这些构想实现的可能。

06

工匠精神

经过 30 多年的发展，我国经济正摆脱低端竞争格局，中国制造正在向中高端迈进，“工匠精神”正是中国制造亟待补上的“精神之钙”。工匠精神，是生产、设计者在技艺和流程上精益求精，追求完美和极致，以质量和品质赢得行业领先和消费者信赖的精神。工匠精神体现了一种踏实专注的气质，在如切如磋、如琢如磨的钻劲背后，是对品牌和口碑的敬畏之心。

07

企业家精神

全球最大的科技顾问公司 Accenture 的一份研究报告指出，在全球高级企管人心目中，企业家精神是企业组织健康长寿的基因和要穴。关乎企业家精神要素的关键词众多：创新、冒险；规则、法治；合作、共赢；执著、专注；公益、责任；等等。当前，企业家精神成为中国市场经济主体必补之钙。

08

中国制造

升级的消费需求在呼唤工匠精神。解决温饱之后，市场面对的是一群越来越“挑剔”的消费者，他们固然喜欢物美价廉，但同时也愿意为新技术和高品质体验“埋单”。形成崇尚工匠精神的社会氛围，需要用“十年树木，百年树人”的战略眼光，持之以恒地“补钙”，从职业精神的培养，到职业教育的改革，再到荣誉体系的激励以及文化土壤的培育，多管齐下形成合力，才能让中国制造的筋骨更强健、品牌更响亮。

09

供给侧改革

所谓“供给侧结构性改革”，是指从供给侧入手，针对经济结构性问题的体制性障碍而推进的改革。“供给侧”因素包括经济活动主体（如企业和个人等）、生产要素（如劳动、资本、土地、环境、企业家管理、政府管理等）、要素升级（如技术进步、人力资本提升、知识增长、信息化等）、结构变动（如工业化、城市化、区域经济一体化、国际化等）、制度变革（如减管制、减垄断、减税收）等。结构性问题则主要包括产业结构、区域结构、要素投入结构、排放结构、增长动力结构和收入分配结构问题等。这些问题的根源在于体制性障碍，体制性障碍又集中表现在政府作为的“越位”“缺位”“错位”和现代市场发育滞后上。

10

纪在法前

国有国法，党有党规，国因法而治，党因规而强。党是政治组织，党规党纪保证着党的理想信念宗旨，是执政的中国共产党党员的底线；法律体现国家意志，是全体公民的底线。党的性质和宗旨决定了，党纪必须先于国法、严于国法，党规党纪的笼子肯定比国家法律的笼子眼儿更小、标准更严，把党纪挺在国法前面，就是要对党员、干部提出更高要求，在先行表率中永葆我们党的先锋队性质。

11 两学一做

我们党的根基在基层，党的肌体细胞是党员。细胞合格，党的肌体就强健；基层有活力，党的事业就兴旺。根据中央统一部署，在全体党员中开展“学党章党规、学系列讲话，做合格党员”（简称“两学一做”）学习教育，这是新时期面向全体共产党员深化党内教育的重要实践，是全面从严治党向纵深推进的重要举措，也是增强全体党员政治意识、大局意识、核心意识、看齐意识的重要抓手。抓好抓实“两学一做”学习教育，推动全面从严治党向基层延伸，就能使我们党更加团结统一、坚强有力，为协调推进“四个全面”战略布局、贯彻落实五大发展理念提供坚强组织保证。

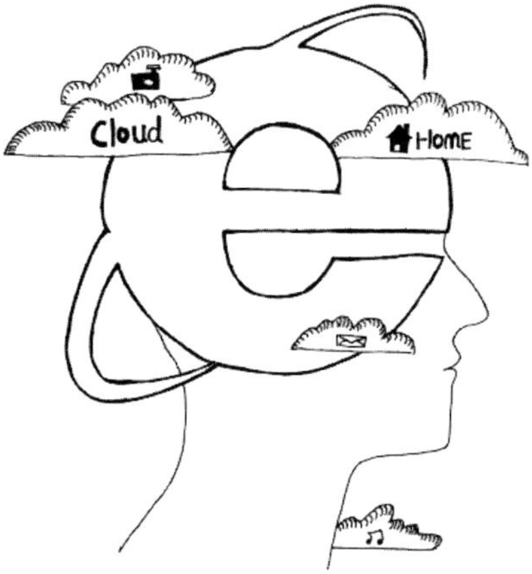

12 创客

创客，这个源自英语“Maker”、原本用来形容将天马行空的想法变为现实的词汇，在中国被赋予了更多意义。在“双创”浪潮中，创客群体庞大，他们带着梦想飞翔，有的放弃海外高薪归国创业，有的在校园创业屡屡失败后再次出发，有的变为“天使”反哺更多创业者……

当下中国，以前所未有的磅礴态势进入“创业时间”——大众创业、万众创新从年初走进政府工作报告，到“双创”先锋们成为国务院常务会“座上宾”，再到“互联网 +”行动、简政放权、商事制度改革等系列举措支撑“双创”。

13

两个一百年

面向未来，中国已经确定了“两个一百年”的奋斗目标。一是到 2020 年，即中国共产党成立 100 年时，国内生产总值和城乡居民人均收入在 2010 年的基础上翻一番，全面建成惠及十几亿人口的小康社会。二是到本世纪中叶，即中华人民共和国成立 100 年时，建成富强民主文明和谐的社会主义现代化国家。

14

一带一路

“一带一路”是“丝绸之路经济带”和“21 世纪海上丝绸之路”的简称。它将充分依靠中国与有关国家既有的双多边机制，借助既有的、行之有效的区域合作平台。“一带一路”战略是目前中国最高的国家级顶层战略，是一个由崛起的大国提出的合作倡议，以市场为主导，企业为主角，产能合作为主要方式，是一种经济外交手段。该战略具有全面性和长期性的特点，需要动员国内各方面的力量和资源参与建设，同时需要沿线国家的积极配合，时间上可能需要 30 年、甚至 100 年时间来推动。

15

四个全面

“四个全面”，即全面建成小康社会、全面深化改革、全面依法治国、全面从严治党。“四个全面”战略布局的提出，更完整地展现出新一届中央领导集体治国理政总体框架，使当前和今后一个时期，党和国家各项工作关键环节、重点领域、主攻方向更加清晰，内在逻辑更加严密，这对推动改革开放和社会主义现代化建设迈上新台阶提供了强力保障。

16

五大发展理念

“五大发展理念”，即创新、协调、绿色、开放、共享。党的十八届五中全会强调，实现“十三五”时期发展目标，破解发展难题，厚植发展优势，必须牢固树立五大发展理念。创新是引领发展的第一动力，协调是持续健康发展的内在要求，绿色是永续发展的必要条件和人民对美好生活追求的重要体现，开放是繁荣发展的必由之路，共享是中国特色社会主义的本质要求。

17

四个意识

2016年1月29日召开的中共中央政治局会议，首次公开提出增强“政治意识、大局意识、核心意识、看齐意识”。“四个意识”的提出，标志着中国政治、中国治理进入一个新阶段，将深远影响未来几年的中国政治格局和改革绩效。党中央以及习近平总书记，将以更大的权威与担当，带给中国民众更多获得感。

18

创业何处不是梦

大众创业万众创新，又见新政出台推波助澜。潮涌的人群中，有年轻的大学生，燃烧着火红的青春激情，投身创客的蓝海；有下海的公务员，毅然告别沉闷的生活，寻找人生别样的精彩；还有在城市打拼多年的农民工，背起旧时行囊，接连踏上返乡创业的归程。

城乡流动天地宽，创业何处不圆梦？

催动农民工返乡创业的，不仅仅是当下“稳增长”的政策导向，也非简单化的政府“促就业”的权宜之计。这是草根群体新的梦想的追寻，也是乡村社会新的发展的召唤。

19 何处寻找大智慧

千难万难，在许多地方干部心目中，发展转型是第一难。

中国制造优势在流失，高端的向发达国家回流，低端的往发展中国家转移。经济下行压力在加大，增速在变化，结构在改革，动力在转换。原有发展路径在窄化，遭遇产业末端困局，发展转型盲区。何去何从？不少地方官员或坐困愁城，或进退失据，或步入迷途，染上了“发展失能症”。

何处寻找大智慧？在乡土，在民间，在市场。当年有领袖教导我们领导方法，从群众中来，到群众中去。破解发展转型难题，还需问智于民，问道于民。

20 向历史汲取成长的力量

一个优秀的民族，需要在历史的砥砺中不断成熟；一个文明的国家，需要在历史的交融中不断自强；一个合格的公民，也需要在历史的滋养中不断成长。民族的血性自应涵养，爱国的情怀自应呵护，人生的信念自应坚定，我们还应葆有阳光的心态、雄健的人格和广阔的襟怀。这样，我们就会拥有更强大的精神实力、更蓬勃的发展活力和更光彩的文明魅力。

民族的血性不是暴戾之气，它是自由独立和平尊严的勇敢捍卫。爱国的情怀不是狭隘之私，它是国家前途个人命运的紧紧连接。人生的理想不是虚空之物，它是生活追求事业奋斗的核心价值。抗战精神业已凝结成为一脉优秀传统文化，应当在认真汲取的同时，努力实现它的创新性发展，在实现民族国家复兴梦想的同时，实现民族精神的世界转向，使之与现实文化相融通，与全球文明共辉映。

历史是严酷的，也是温暖的，因为它的精神已融化在我们的生活和心灵里，它的生命已复苏在民族的奋斗和成长中。

21

劳动是金色

劳动不仅滋养着我们的生活，而且锻铸着我们的魂魄，不仅创造着社会的财富，而且积淀着人类的文明。

我们不必奢求。成功的路有千万条，要紧的是去走最适合自己的那条路。劳动的全部意义，就是给予每一个人改变生活、改变命运、改变自己的力量和机会；我们也不必悲情。生命中的哪一个青春不是摔打和抗争砥砺过来的？田野上的哪一粒收获不是心血和汗水浇灌出来的？我们更不必灰心。事在人为，路在脚下，所有的光景和前程，都可以靠我们的勤劳和智慧创造出来。

劳动是有色彩的。有人说：劳动是血色的。也有人说：劳动是灰色的。我则坚信：劳动是金色的！当劳动中倾注着敬业、奋斗和创造的激情，流淌着尊严、和谐和自由的血液，这劳动，就会放射出金色的光芒，它就将焕发我们的形象，照亮我们的灵魂，彰显我们的文明。

22

改革，要落地生根

改革首先要突破利益藩篱。政府部门的简政放权，恰恰是要“自削刀把”。放权也是让利，每减少一项审批，就是减少一项权力，最终就会消解一部分人的既得利益。能不能破除这些阻力，这是对改革的考验。

“于法有据”，是新一轮改革的刚性约束。既不能盲目冒进为了改革深入随意突破法律边界，也不能坐失良机因为法律滞后一再拖延改革进程。

当下改革最大的动力在哪里？在广大民众，在他们日益增长的对公民权利、生活尊严的诉求中，对发展自由、社会公平的期盼中。这是推进改革最宝贵的资源和最深厚的根基。

蓝图指引方向，实践关乎成败。改革中我们还得矫正心态，奋勇作为。既要开花，更要结果；既要保持定力，更要激发活力；既要努力实现开局再突破，更要落实打通最后一公里。

23 田野上升起农耕文明新曙光

在传统的印象中，农民面朝黄土背朝天，雨天一身泥，晴天一身汗，终年辛勤劳作不得清闲。今天的种地全然已是另一幅景象。农民开始逐步走出小而全和封闭式的生产经营困境，从耕地播种，到灌溉施肥，再到收割脱粒，每个环节都有专业的社会化服务体系在支持，一些地方还在深入探索和推广“土地股份合作社 + 农业职业经理人 + 社会化服务”等经营方式。中国农民终于从传统农业的束缚中从传统农活的重负中解放出来。

解放了的农民，蓦然发现，身边的农业是一座蕴藏丰富有待开发的金矿：色彩是斑斓的，功能是丰富的，业态是多样的。生态型农业、体验型农业和观光型农业的兴起，给产业融合开辟了更广阔的前景，也给农民发展带来了更自由的选择。

一缕缕新农耕文明的曙光，已在田野上冉冉升起。让原生型特色农业与现代型高端农业实现跨越时空的互联互通共生共荣，把现代的发展理念、产业文化、经营思维和科学技术植入一条条不断拉长的产业链、价值链，具有更高附加值、更强竞争力的一二三产业融合发展的中国农业六次产业，就将从这里发育、生长和壮大。这是农业产业面貌的重塑，产业形态的改造，也是农民生产方式的变革，生活文明的转型。

历史不会终结，农业也不是夕阳。在新科技的撬动下，在新文明的引领中，它将是一轮光芒普照活力四射永远不落的太阳。

24

领导干部都来关心科技创新

改革首先要突破利益藩篱。政府部门的简政放权，恰恰是要“自削只有亲近科技才能了解科技，只有了解科技才能重视科技。领导干部提高自身科技修养，不是要成为科学家或技术专家，而是要培养科技意识和科技思维。当今时代，领导干部对科技基本知识、科技前沿动态以及世界主要国家科技发展战略等有所了解，才能在工作中增强依靠科技进步推动发展的思维方式。如果对科技新知茫然无知，与科技界相当隔膜，无法与科技人员有效交流沟通，如何能担负起推动科技进步和创新发展的历史重任？

广大领导干部有了较高的科技素养，关心科技创新、重视科技创新就会成为实质的、一以贯之的、发自内心的意识和行动。孙子说：“上下同欲者胜。”建设创新型国家、创新型社会，需要提高全民族的科技素养和理性精神，各级领导干部更应率先垂范，走在前列。

25

不能让英烈文化边缘化

英烈文化遭遇边缘化，原因当然是复杂的，但与当前英烈文化的传承、引导方式较为滞后不无关系，亟须改进。在这方面，美国的经验可供借鉴。美国联邦政府不仅通过《全国追思时刻法案》《尊重美国阵亡英雄法案》等立法安排，保障逝去的英雄得到崇敬和纪念，而且通过打造大量的精品影视作品，向社会强化“英雄也许不完美，但英雄精神不容亵渎”的主流价值观。更重要的是，美国的英雄纪念活动以民间为主，民众的主动参与是主流，阿灵顿国家公墓等英雄祭拜场所成为著名景点，常年人流如织，就是明显的例证。

对英烈文化的弘扬是现代国家治理的重要经验，在这方面，我们仍有很长的路要走。当前，在传承英烈文化方面必须发挥创新意识，一方面，国家应加强立法，完善烈士陵园等纪念设施的建设，打造文化精品，让民众有机会、有兴趣接触英烈文化；另一方面，要转变观念，创造条件，把传承英烈文化的主导权交给社会，让群众唱主角。只有让民众成为传承英烈文化的主体，英烈文化才能作为主流价值观更加深入人心。

26 用知识产权撬动知识创新

人类聪明才智是一切艺术成果和发明成果的源泉，国家的职责就是要坚持不懈地保护艺术创造和科技发明。我们在保护知识产权方面已取得明显进步，但还很不如人意。有的企业负责人坦言“已经不愿意申请专利了”，因为“不申请专利还好，一申请专利反而被剽窃得更快”，于是“核心技术方面绝不再向外透露”。在专利制度建立之前，技术进步都是由技术机密所驱动，而这种传承方式会极大地阻碍人们之间的知识共享。知识创新成果的产权保护不力，就会回到“机密保护”的状态，这既会抑制自己的创新，也不利于引进最好的技术。

尊重和保护知识产权的人在增多，但还没有对侵权行为形成压倒性优势。司法领域已开始尝试创新保护制度，以突破制约知识产权保护发展的瓶颈。在移动互联网时代，知识产权保护面临更复杂的环境，相关法律制度还有待进一步完善。从根本上说，还是要确立这样一种理念：侵犯知识产权不仅可耻，而且违法！只有保护好创造性智力成果，投身知识创新的人才会越来越多，社会才能获得不竭的前进动力。

27

做新时期合格共产党员

做合格党员，不仅有政治上的原则要求，而且有具体指向和丰富内涵。从当前来看，至少有这样三个维度是需要党员常照的镜子：一是在全面从严治党的要求下．能否跟得上中央的步调，能否严格要求自己，这是对每一位党员的现实考验；二是在利益多元化的社会格局中，能否做到始终以人民的利益为中心，能否始终保持与人民群众的血肉联系，这是体现党员先进性的重要方向；三是在经济发展新常态中，能否保持昂扬向上的精神面貌，能否永立干事创业的时代潮头，这是衡量党员状态的标记。

我们党的根基在基层，党的肌体细胞是党员。细胞合格，党的肌体就强健：基层有活力，党的事业就兴旺，抓好抓实“两学一做”学习教育，推动全面从严治党向基层延伸，就能使我们党更加团结统一、坚强有力，为协调推进“四个全面”战略布局、贯彻落实五大发展理念提供坚强组织保证。

攻坚结构性改革

所谓“供给侧结构性改革”，是指从供给侧入手，针对经济结构性问题的体制性障碍而推进的改革。“供给侧”因素包括经济活动主体（如企业和个人等）、生产要素（如劳动、资本、土地、环境、企业家管理、政府管理等）、要素升级（如技术进步、人力资本提升、知识增长、信息化等）、结构变动（如工业化、城市化、区域经济一体化、国际化等）、制度变革（如减管制、减垄断、减税收）等。结构性问题则主要包括产业结构、区域结构、要素投入结构、排放结构、增长动力结构和收入分配结构问题等。这些问题的根源在于体制性障碍，体制性障碍又集中表现在政府作为的“越位”“缺位”“错位”和现代市场发育滞后上。

供给侧结构性改革是对症下药。当前来看，推进结构性改革已十分紧迫。

一是培育新动力的需要。我国多年来主要依靠需求侧的“三驾马车”来拉动经济增长，在经济新常态下，其作用逐渐缩小，副作用逐步显现，亟须从供给侧寻找新动力。

二是解决我国经济难题的需要。目前我国经济难题主要表现在产能过剩、房地产库存过大、僵尸企业较多、金融风险累积、资源环境压力大等方面。供给侧改革的核心是提高全要素生产率，即以更少的资源、能源消耗，更少的环境破坏，来达到更好的产出效果，实现经济的可持续发展。

三是进一步提高我国国际竞争力的需要。只有通过供给侧改革，提高供给质量和水平，我国才能在国内、国际市场上占有更大份额，也才能解决国内消费者到国外“扫货”买马桶盖的问题。

信心就是力量

中国经济砥砺前行

消解经济增长下行压力，正是当下国人努力求解的一道难题。对中国经济，在全球也有看空和乐观两种声音。

顶着质疑，冒着风险，中国经济依然衔枚疾进砥砺前行：从就业、收入、环境等数据看，总体运行仍在合理区间；在世界经济增速跌至 2008 年金融危机以来最低点的背景中，6.9% 的增速还是一个亮眼的业绩；GDP 总量比上年增加超过 4 万亿元人民币，中国对世界经济增长贡献率仍超 25%。

事实胜于雄辩，信心不可动摇。

信心来自面对经济形势的清醒认知。

要把握基本面。中国经济面临突出矛盾，可能经历一个 L 型增长阶段。同时也要看到，我们拥有雄厚的物质基础和量大质优的要素资源，具备发展中大国特有的巨大潜力、韧性和回旋余地。10 多亿人将进入小康社会，7000 多万人要脱贫，新型工业化、信息化、城镇化、农业现代化蕴含着扩大内需的强劲需求，经济发展依然具有较强的内在支撑、弹性空间和抵御风险能力。

也要明晰历史观。中国经济进入增长换挡、发展转型、体制变革时期，由此而来的速度变化、结构优化、动力转换，正是当下经济运行的基本特征。

还要转换新视角。看国内。自主性扩大投资意愿走弱，但新消费时尚却逆势上扬：旅游休闲已是寻常百姓的生活方式，运动健身热潮正在一个个动感城市急速涌流，智能家居数字家庭向着我们频频招手，文化娱乐需求高涨中电影年度票房首次突破 400 亿元大关……这就是中国经济的韧性和活力，也是中国经济转型升级的“风口”。看世界。全球增长持续放缓，深度调整。但雾霾中也见到隐约亮光。美国等一些发达国家的宽松货币政策转向正常化，我国等新兴市场国家加快经济发展方式转变、推进结构性改革，全球大宗商品价格从泡沫化状态回归常态，这都将为世界经济复苏奠定良好基础。

冷静观察，直面现实，正视困难，我们的双脚就站到了坚实的大地上，拥有了牢固的立足点，就看到了远方的地平线，找到了准确的方位感。

信心来自破解增长难题的科学谋划。

如何去遏制经济下行的势头，保持平稳健康的增长？

路径在转型，核心是创新，支点是改革。

转型倒逼升级，转的是发展理念，是发展方式。从投资驱动向消费主导递延，从中国制造向中国智造跨越，从粗放发展向集约发展转轨。一方面挺进中高端，改造提升传统产业，培育壮大新兴产业；另一方面发力去产能，坚决退出僵尸企业，优化整合宝贵资源，“腾笼换鸟”，“凤凰涅槃”，实现市场出清产业振兴。

创新驱动发展，已被列为国家重大发展战略。大众创业万众创新热情高涨，颠覆性技术、跨界式组合、融合型发展崭露头角，智能制造、互联网 +、分享经济等新科技、新经济、新业态催生新的发展动能，新一轮科技革命和产业变革正澎湃而来。我们当迎头赶上，抢占先机。同时，也应分外警醒，扎实推进。

创新发展的巨大潜能蕴藏在制度变革之中。核心是政府改革，简政放权转换职能。中央三令五申，壮士断腕，实施清单制度，力度不可谓不大，但成效却难以让百姓满意。在不少地方和部门，该放的权力难以放到位，该管的环境难以管理好。那么多的“两创”行动受制于政策的悬置，那么多的创新成果遇阻于审批的困扰，那么多的企业不是战死沙场，而是仆倒在行政审批的“最后一公里”。改革深入攻坚，已是不容迟滞。

信心来自落实发展战略的奋发作为。

市场相信的是勇气和智慧，是定力和作为。逢山开路，遇水架桥，坏事也可以变好事，挑战也可能是机遇。而我们在现实中，更须警惕和防治的，是正在滋生、蔓延的发展焦虑症、发展冷漠症和发展失能症。焦虑者容易急躁冒进，追求大干快上，重走发展老路；冷漠者或忧干事风险或失利益动力，不愿积极作为；失能者对经济新常态缺少认知，对政府新定位缺少把握，对技术新革命缺少学习，想干事却深感无能为力。三症不治，信心如何坚定？

信心是一种预期，也是一种素质；信心是一种理性，更是一种力量。中国经济从来都是在风浪中前进在挑战中成长的。只要我们同心协力，形成合力，就没有过不去的坎！

扶贫深处是赋权

精准扶贫·全面小康

扶贫的难度愈来愈大，扶贫的标准也愈来愈高。当初的救济性扶贫虽然有立竿见影成效，但救济的终结常常就是返贫的开始。后来的开发性扶贫有利于借助本土资源培植现代产业，但也容易滋生资源掠夺经营透支生态环境的隐患。在“输血”、“造血”之外，我们还当有新的视角和新的思维。

扶贫深处是赋权。赋权性扶贫着力的是以贫困人群为主体，激发他们的自主意识，提升他们的行动能力，拓展他们的发展自由，保障他们的公平权益。

当务之急，就是帮助贫困人群普及自主参与的机会，提升向上流动的能力，搭建社会合作的网络。

谁是主体？谁的发展？这是扶贫工作的首要问题。

水电路三通，这是贫困地区改变面貌的第一需求。大米吃不完也卖不出，一头羊赶出去要瘦四五斤。“要想富，先修路”，这是谁都明白的道理。可是，在不少地方还是难上加难。或是强求地方资金匹配，或是抱怨财政没钱。如何打通发展经脉满足贫困农户基本的权益诉求？

移民式搬迁，这是传统就地扶贫方式的路径突破。但是，应否搬迁？搬往何处？还得充分尊重农民意愿。“挪穷窝”是为了“拔穷根”，但挪了地方，能不能找到新的就业门路、发展机会？一些地方“房已建好，不见人住”，已经敲响警钟。

产业化推进，这是加快脱贫致富的坚实支撑。但是，这应是农民的自主行动，而不能是政府的大包大揽。参与式扶贫正是以赋权为核心，在政府扶持的产业建设中，让农民从被动的受益者真正转变成为积极的建设者。他们祖祖辈辈生活在这里，对这片乡土有更深的感情和更深的体味，一旦有了自主权，自己推进投资项目，自己规划村庄发展，就会迸发出充足的干劲和无穷的智慧。

贫困群体要脱贫致富，就要努力创造向上流动的机会。靠什么流动？健康，知识，能力。政府的责任，就是帮助他们提高身体素质、文化素质、就业能力，努力阻止因病致贫、因病返贫，打开孩子们通过学习成长、青壮年通过多渠道就业改变命运的宽广通道，坚决阻止贫困现象代际传递。

健康是贫困人群最重要的资产。一场疾病袭来，就是一场灾难降临，沉重的治疗费用会像一座大山压垮一个家庭。这里有疾病预防普查的大片盲区，有医疗保健质量的城乡鸿沟。虽然绝大多数贫困群众都参加了新型合作医疗，但由于一些偏远山区就医困难，这一政策福利有时还难以阳光普照。在乡村社会老龄化问题更加严重医疗资源空心化现象更加凸显的今天，如何顺利地跨越这片盲区、这道鸿沟？

教育是贫困人群最重要的权益。最直接的是职业教育，开展实用技术培训，提高农民就业能力。最根本的还是素质教育。教育于贫困人群尤显重要。它可以激励人们去重新认识自己，增强自信，融入社会。解决贫困乡村的教育公平，更紧迫的还不是高校招生中的政策倾斜，而是公共服务的均等化，而是乡村学校的分类发展和留守教师的福利保障。

有学者言：合作化是小人物在大世界中的机会。确实，构建社会合作的网络，这是壮大农民力量的根本途径。

我们常常困惑产业扶贫的两难：帮贫，一时难见成效；扶富，先富难带后富。我们也常常埋怨贫困人群的懒惰：总是指望政府救济补贴、投钱建棚，“等靠要”已成顽症。两难怎么解？顽症如何治？鼓励互助合作是一条出路。分散的小农只有组织起来，加强社会融入，形成集体行动能力，才能摆脱生活的黯淡，生长发展的自信，才能激发自力更生和积极求变的意识，更好地维护和实现自己的利益。

赋权式扶贫，是扶贫模式的转换，也是扶贫视角的创新。它着力的，不只是收入水平的提高，而且是发展自由的开拓；不只是经济增长指标的变化，而且是社会公平正义的建设；不只是保障贫困人群共享改革发展收获的成果，而且是要向社会底层普及改革发展带来的机会。借用诺贝尔经济学奖得主阿马蒂亚·森的表达，就是“聚焦于人们去过他们有理由珍视的那种生活，以及去扩展他们所拥有的真实选择的能力”。

Calendar

2018

1/JANUARY

S	M	T	W	T	F	S
	1 十五	2 十六	3 十七	4 十八	5 十九	6 二十
7 廿一	8 廿二	9 廿三	10 廿四	11 廿五	12 廿六	13 廿七
14 廿八	15 廿九	16 三十	17 腊月	18 初二	19 初三	20 初四
21 初五	22 初六	23 初七	24 初八	25 初九	26 初十	27 十一
28 十二	29 十三	30 十四	31 十五			

2/FEBRUARY

S	M	T	W	T	F	S
				1 十六	2 十七	3 十八
4 十九	5 二十	6 二一	7 廿二	8 廿三	9 廿四	10 廿五
11 廿六	12 廿七	13 廿八	14 廿九	15 三十	16 正月	17 初二
18 初三	19 初四	20 初五	21 初六	22 初七	23 初八	24 初九
25 初十	26 十一	27 十二	28 十三			

3/MARCH

S	M	T	W	T	F	S
				1 十四	2 十五	3 十六
4 十七	5 十八	6 十九	7 二十	8 廿一	9 廿二	10 廿三
11 廿四	12 廿五	13 廿六	14 廿七	15 廿八	16 廿九	17 二月
18 初二	19 初三	20 初四	21 初五	22 初六	23 初七	24 初八
25 初九	26 初十	27 十一	28 十二	29 十三	30 十四	31 十五

4/APRIL

S	M	T	W	T	F	S
1 十六	2 十七	3 十八	4 十九	5 二十	6 廿一	7 廿二
8 廿三	9 廿四	10 廿五	11 廿六	12 廿七	13 廿八	14 廿九
15 三十	16 三月	17 初二	18 初三	19 初四	20 初五	21 初六
22 初七	23 初八	24 初九	25 初十	26 十一	27 十二	28 十三
29 十四	30 十五					

5/MAY

S	M	T	W	T	F	S
		1 十六	2 十七	3 十八	4 十九	5 二十
6 廿一	7 廿二	8 廿三	9 廿四	10 廿五	11 廿六	12 廿七
13 廿八	14 廿九	15 四月	16 初二	17 初三	18 初四	19 初五
20 初六	21 初七	22 初八	23 初九	24 初十	25 十一	26 十二
27 十三	28 十四	29 十五	30 十六	31 十七		

6/JUNE

S	M	T	W	T	F	S
					1 十八	2 十九
3 二十	4 廿一	5 廿二	6 廿三	7 廿四	8 廿五	9 廿六
10 廿七	11 廿八	12 廿九	13 三十	14 五月	15 初二	16 初三
17 初四	18 初五	19 初六	20 初七	21 初八	22 初九	23 初十
24 十一	25 十二	26 十三	27 十四	28 十五	29 十六	30 十七

7/JULY

S	M	T	W	T	F	S
1 十八	2 十九	3 二十	4 廿一	5 廿二	6 廿三	7 廿四
8 廿五	9 廿六	10 廿七	11 廿八	12 廿九	13 六月	14 初二
15 初三	16 初四	17 初五	18 初六	19 初七	20 初八	21 初九
22 初十	23 十一	24 十二	25 十三	26 十四	27 十五	28 十六
29 十七	30 十八	31 十九				

8/AUGUST

S	M	T	W	T	F	S
			1 二十	2 廿一	3 廿二	4 廿三
5 廿四	6 廿五	7 廿六	8 廿七	9 廿八	10 廿九	11 七月
12 初二	13 初三	14 初四	15 初五	16 初六	17 初七	18 初八
19 初九	20 初十	21 十一	22 十二	23 十三	24 十四	25 十五
26 十六	27 十七	28 十八	29 十九	30 二十	31 廿一	

9/SEPTEMBER

S	M	T	W	T	F	S
						1 廿二
2 廿三	3 廿四	4 廿五	5 廿六	6 廿七	7 廿八	8 廿九
9 三十	10 八月	11 初二	12 初三	13 初四	14 初五	15 初六
16 初七	17 初八	18 初九	19 初十	20 十一	21 十二	22 十三
23 十四	24 十五	25 十六	26 十七	27 十八	28 十九	29 二十
30 廿一						

10/ OCTOBER

S	M	T	W	T	F	S
	1 廿二	2 廿三	3 廿四	4 廿五	5 廿六	6 廿七
7 廿八	8 廿九	9 腊月	10 初二	11 初三	12 初四	13 初五
14 初六	15 初七	16 初八	17 初九	18 初十	19 十一	20 十二
21 十三	22 十四	23 十五	24 十六	25 十七	26 十八	27 十九
28 二十	29 廿一	30 廿二	31 廿三			

11/NOVEMBER

S	M	T	W	T	F	S
				1 廿四	2 廿五	3 廿六
4 廿七	5 廿八	6 廿九	7 三十	8 十月	9 初二	10 初三
11 初四	12 初五	13 初六	14 初七	15 初八	16 初九	17 初十
18 十一	19 十二	20 十三	21 十四	22 十五	23 十六	24 十七
25 十八	26 十九	27 二十	28 廿一	29 廿二	30 廿三	

12/DECEMBER

S	M	T	W	T	F	S
						1 廿四
2 廿五	3 廿六	4 廿七	5 廿八	6 廿九	7 冬月	8 初二
9 初三	10 初四	11 初五	12 初六	13 初七	14 初八	15 初九
16 初十	17 十一	18 十二	19 十三	20 十四	21 十五	22 十六
23 十七	24 十八	25 十九	26 二十	27 廿一	28 廿二	29 廿三
30 廿四	31 廿五					

品读

半月谈

新华通讯社
半月谈新媒体中心

Calendar

2017

1/JANUARY

S	M	T	W	T	F	S
				1	2	3
				初四	初五	初六
4	5	6	7	8	9	10
初七	初八	初九	初十	十一	十二	十三
11	12	13	14	15	16	17
十四	十五	十六	十七	十八	十九	二十
18	19	20	21	22	23	24
廿一	廿二	廿三	廿四	廿五	廿六	廿七
25	26	27	28	29	30	31
廿八	廿九	三十	春节	初二	初三	初四

2/FEBRUARY

S	M	T	W	T	F	S
1	2	3	4	5	6	7
初五	初六	初七	初八	初九	初十	十一
8	9	10	11	12	13	14
十二	十三	十四	十五	十六	十七	十八
15	16	17	18	19	20	21
十九	二十	廿一	廿二	廿三	廿四	廿五
22	23	24	25	26	27	28
廿六	廿七	廿八	廿九	二月	初二	初三

3/MARCH

S	M	T	W	T	F	S
1	2	3	4	5	6	7
初四	初五	初六	初七	初八	初九	初十
8	9	10	11	12	13	14
十一	十二	十三	十四	十五	十六	十七
15	16	17	18	19	20	21
十八	十九	二十	廿一	廿二	廿三	廿四
22	23	24	25	26	27	28
廿五	廿六	廿七	廿八	廿九	三十	三月
29	30	31				
初二	初三	初四				

4/APRIL

S	M	T	W	T	F	S
			1	2	3	4
			初六	初七	初八	初九
5	6	7	8	9	10	11
初十	十一	十二	十三	十四	十五	十六
12	13	14	15	16	17	18
十七	十八	十九	二十	廿一	廿二	廿三
19	20	21	22	23	24	25
廿四	廿五	廿六	廿七	廿八	廿九	四月
26	27	28	29	30		
初二	初三	初四	初五	初六		

5/MAY

S	M	T	W	T	F	S
					1	2
					初五	初六
3	4	5	6	7	8	9
初七	初八	初九	初十	十一	十二	十三
10	11	12	13	14	15	16
十四	十五	十六	十七	十八	十九	二十
17	18	19	20	21	22	23
廿一	廿二	廿三	廿四	廿五	廿六	廿七
24	25	26	27	28	29	30
廿八	廿九	四月	初二	初三	初四	初五
31						
初六						

6/JUNE

S	M	T	W	T	F	S
	1	2	3	4	5	6
	初七	初八	初九	初十	十一	十二
7	8	9	10	11	12	13
十三	十四	十五	十六	十七	十八	十九
14	15	16	17	18	19	20
二十	廿一	廿二	廿三	廿四	廿五	廿六
21	22	23	24	25	26	27
廿七	廿八	廿九	六月	初二	初三	初四
28	29	30				
初五	初六	初七				

7/JULY

S	M	T	W	T	F	S
			1	2	3	4
			初八	初九	初十	十一
5	6	7	8	9	10	11
十二	十三	十四	十五	十六	十七	十八
12	13	14	15	16	17	18
十九	二十	廿一	廿二	廿三	廿四	廿五
19	20	21	22	23	24	25
廿六	廿七	廿八	廿九	闰六月	初二	初三
26	27	28	29	30	31	
初四	初五	初六	初七	初八	初九	

8/AUGUST

S	M	T	W	T	F	S
						1
						初十
2	3	4	5	6	7	8
十一	十二	十三	十四	十五	十六	十七
9	10	11	12	13	14	15
十八	十九	二十	廿一	廿二	廿三	廿四
16	17	18	19	20	21	22
廿五	廿六	廿七	廿八	廿九	三十	七月
23	24	25	26	27	28	29
初二	初三	初四	初五	初六	初七	初八
30	31					
初九	初十					

9/SEPTEMBER

S	M	T	W	T	F	S
		1	2	3	4	5
		十一	十二	十三	十四	十五
6	7	8	9	10	11	12
十六	十七	十八	十九	二十	廿一	廿二
13	14	15	16	17	18	19
廿三	廿四	廿五	廿六	廿七	廿八	廿九
20	21	22	23	24	25	26
八月	初二	初三	初四	初五	初六	初七
27	28	29	30			
初八	初九	初十	十一			

10/ OCTOBER

S	M	T	W	T	F	S
				1	2	3
				十二	十三	十四
4	5	6	7	8	9	10
十七	十八	十七	十八	十九	二十	廿一
11	12	13	14	15	16	17
廿二	廿三	廿四	廿五	廿六	廿七	廿八
18	19	20	21	22	23	24
廿九	三十	九月	初二	初三	初四	初五
25	26	27	28	29	30	31
初六	初七	初八	初九	初十	十一	十二

11/NOVEMBER

S	M	T	W	T	F	S
1	2	3	4	5	6	7
十三	十四	十五	十六	十七	十八	十九
8	9	10	11	12	13	14
二十	廿一	廿二	廿三	廿四	廿五	廿六
15	16	17	18	19	20	21
廿七	廿八	廿九	十月	初二	初三	初四
22	23	24	25	26	27	28
初五	初六	初七	初八	初九	初十	十一
29	30					
十二	十三					

12/DECEMBER

S	M	T	W	T	F	S
		1	2	3	4	5
		十四	十五	十六	十七	十八
6	7	8	9	10	11	12
十九	二十	廿一	廿二	廿三	廿四	廿五
13	14	15	16	17	18	19
廿六	廿七	廿八	廿九	三十	冬月	初二
20	21	22	23	24	25	26
初三	初四	初五	初六	初七	初八	初九
27	28	29	30	31		
初十	十一	十二	十三	十四		

生活是咖啡

一群事业有成的校友去探望大学时的老教授。谈话很快就转换成了抱怨工作和生活中的压力。教授站起来，走进厨房。回到客厅时，教授的手里端着一大壶咖啡和各式各样的杯子，有瓷的、塑料的、玻璃的、水晶的，一些普通，一些昂贵，一些精致。教授让他的学生用这些杯子各自倒咖啡喝。

当所有的学生手里都端着一杯咖啡时，教授说："如果你们留心的话，你们就会发现你们每人手里拿的都是精致的或者昂贵的杯子。对你们来说，只想要最好的东西，这是正常的，而这正是你们的问题和压力的根源。

你们每一个人真正想要的是咖啡，不是杯子，但你们有意识地选择了最好的杯子，并且关注对方的杯子。

现在考虑这个：生活是咖啡，金钱和社会地位是杯子，它们只是承载生活的道具，不能改变生活的质量。过于注重杯子，我们就享受不到香浓的咖啡。所以，不要让杯子驱使你，而应该享受咖啡。"

晨曦 / 王金库

掌中宝玉

一位想学习玉石鉴定的青年，听说在远处有一位年老的玉石家，他就不远千里去向老师傅学艺。

当他见到老师傅，说明了自己学玉的志向。老师傅拿一块玉给他，叫他捏紧，然后开始给他讲中国历史，从三皇五帝夏商周开始讲，讲了几个小时，却一句也没有提到玉。

第二天他去上课，老师傅仍然交给他一块玉叫他捏紧，又继续讲中国历史。就这样，光是中国历史就讲了几个星期。接着，他向年轻人讲中国的风土人文、哲学思想，甚至生命情操。而且，每天他都叫那个青年捏紧一块玉听课。

几个月以后，青年开始着急了，有一天他终于鼓起勇气，希望找师傅谈谈，请老师傅开始讲玉的学问。

他走进老师傅的房间，老师傅仍照往常一样交给他一块玉，叫他捏紧，正要开讲的时候，青年大叫起来：“老师傅，您给我的这一块，不是玉！”老师傅笑起来说：“你现在可以开始学玉了。”

一个人 / 刘军伟

烈马之死

美国南北战争期间，有一匹名叫玛姬的战马。玛姬烈性十足，一般人难以驯服。它先后踢过 1 位将军、3 位上校、5 位中校、6 位少校、10 位上尉、24 位中尉、30 位少尉、435 位士兵。

一匹踢过如此多军官和士兵的烈马，人们为什么都原谅了它、宽容了它，而且还一再把它派上用场呢？原来，这批烈马能疾步如飞，时速高达 70 公里；在战场上，它不畏枪林弹雨，一生参战 632 次，立下赫赫战功。烈马任性、暴烈、目空一切，靠的是千里马之能和自己立下的功劳。

一次，在战场上，它看见了一枚地雷，它怎么看也不顺眼，于是愤怒地向地雷踢去，结果把自己炸得血肉横飞。这匹任性、暴烈、目空一切的烈马，人们一次次原谅了它、宽容了它，但最终还是为它的目空一切付出了代价，自然界的天理没有饶恕它。

输得起才能赢得了

有人问毕加索：“你的画怎么看不懂啊？”毕加索说：“听过鸟叫吗？”“听过。”“好听吗？”“好听。”“你听得懂吗？

有人问余光中：“李敖天天找你茬，你从不回应，这是为什么？”余沉吟片刻答：“天天骂我，说明他生活不能没有我；而我不搭理，证明我的生活可以没有他。”

心态不好，说穿了，就是心太小了。心态的“态”字，拆解开来，就是心大一点。心若每天大一点，心态还怎会不好。

你生气，是因为自己不够大度；你郁闷，是因为自己不够豁达；你焦虑，是因为自己不够从容；你悲伤，是因为自己不够坚强；你惆怅，是因为自己不够阳光；你嫉妒，是因为自己不够优秀……凡此种种，每一个烦恼的根源都在自己这里。所以，每一次烦恼的出现，都是一个给我们寻找自己缺点的机会。

人生的每个抉择都像是一个赌局，输赢都是自己的。不管你压的赌注大与小，选择了就没有反悔的机会。输不起的人，往往也赢不了。

花样年华 / 西禾

毛笔和筷子

●

几年前，在很好的机缘下，有刘作筹世伯引见，拜会书法大师冯康侯先生。

“老师不一定会收你。”刘先生说，“一切看缘分吧。”

我点点头。

冯先生是位矮小清瘦的老人，满脸和蔼安详。直接地问：“你要学会这些不合时宜的东西，有什么目的？”

“没有目的。”我坦诚地回答，“只是喜欢得要命。”

“那就够了。”冯先生微笑。

接着他老人家叫我先写几个字，千万不要临帖：“写出自己的字，写出自己的个性。”

“但是，”我抗议，“我连毛笔也不会拿呀。”

老师笑了出来：“毛笔只是一件工具，久不用了，就以为自己不会用。要是多接触，就像拿筷子那么简单。”

你可以等一下吗

曾经听过一个关于西藏喇嘛美丽的传说。在一次围战中，一个士兵正要用枪打死一位老喇嘛时，喇嘛对那个士兵说：

“你可以等一下吗？”

“早晚也是死，为什么要等？”那个兵说。

他的话还未说完，喇嘛已腾空而起，飞上数丈，霎时又坠落下来，落地时竟是盘腿而坐，原来他已经进入禅定，神识脱离而圆寂了。

他的眼角还挂着一滴晶莹的泪。

喇嘛为什么瞬间坐化呢？

原来在佛经记载，杀阿罗汉出佛身血者都要堕入无间地狱，这位喇嘛悲悯要弑他的小兵，为免他造下恶业，宁可提前结束自己的今生。

那眼角的泪正是莲花上最美的露珠。

记得第一次听这则故事，我也险些落泪，心灵最深的一角被一些无法言说的东西触动。

后来每一次每一次，我遇到可恨的人、要动气的事物时，眼前就立即浮起喇嘛纵身飞起的身影，那形影里有无限的悲悯，比我所有的气恨都更深刻动人。

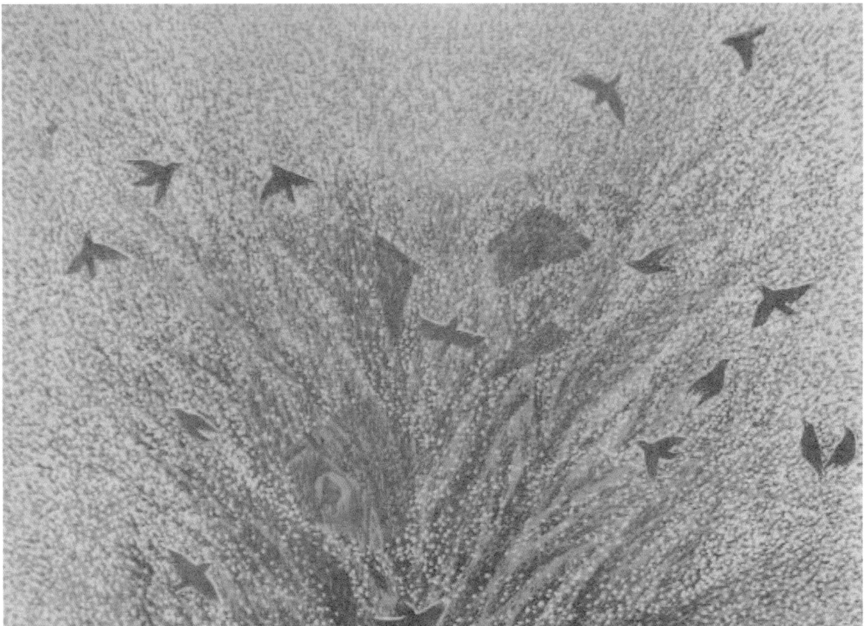

绿色家园 / 方华

让我慢下来

让我慢下来，让我用头脑的平静抚平狂跳的心。

让时间永恒的信念平稳住我忙乱的脚步。

在一天的迷茫中，请赐给我山丘般永恒的宁静。

用我记忆中欢唱小溪的美妙音乐，驱走神经和肌肉的紧张。

教给我体会休闲的艺术——慢慢静下来看一朵小花，与朋友聊天，拍一拍狗，对一个孩子微笑，从一本好书中选出几行，认真品味。

每天提醒我，比赛并不是最快的人赢，生活中有比增加速度更多的内容。

让我每天仰视那高塔般的橡树，明白她长得又高又壮，是因为她缓慢而健康地成长。

把心开成一朵花

在澳大利亚西南部，有一片极为干旱的沙漠，但是令人吃惊的是，在这片世界上条件最恶劣的沙漠中竟有大约 3600 多种植物繁荣共生，如果按单位面积计算，物种的多样性要远远超过南美洲的热带雨林。

植物学家研究发现，生长在这里的植物对自己非常苛刻，对水和养料的需求少得可怜。但这些植物开的花不仅硕大无比，而且惊艳异常，它们能分泌出超乎想象的大量的芬芳花蜜。

原来，这里的昆虫和鸟类都非常稀少，几乎没有潜在的授粉者，在这种条件下，植物必须开出最大最艳丽的花朵，分泌出最多最芬芳的花蜜，才能吸引潜在的授粉者的注意，从而使自己繁衍生存下去。

在艰苦的条件下，在恶劣的环境中，我们能否像这些沙漠里的植物一样，不怨天尤人，不自暴自弃，把心开成一朵最大最美丽的花，撒播出人世间最浓郁的芬芳。

金风拂过 / 付百川

追日 / 方华

每一天

《灵异第六感》是部老片了，我却是最近才看到的。里面9岁的小男孩，眼神几乎是悲哀深刻的。他说他能看到死者，市政公所吊死的冤魂向他哭告，被后妈杀害的小女孩托他报仇，无助的、自以为遭弃的心理医生，通过他，了解生命残忍而温暖的真相。

他的母亲，像大部分母亲一样，心疼但不耐烦地打断他，决定带他去看医生看牧师，总之要让他正常起来。他无法，只好对母亲说：外婆让我告诉你，你曾经在她坟前，问过她的那个问题，外婆的答案是“每一天”。

正在开车的母亲，突然愣住了，之后伏在方向盘上放声痛哭。

儿子问她：妈妈，你问外婆什么？

她哽咽着答：我问她，她是否为我骄傲？

那一刻，我也无法自控地泪流满面……

清高和嫉妒

两个朋友在小酒店里喝酒，聊起了他们的一个熟人。

在任何世道，小人得志、下流胚走运是寻常事。他们的这个熟人既然钻营有术，理应春风得意。他升官、发财、成名、留洋。应有尽有。还有一打左右的姑娘向他奉献了可疑的贞操和可靠的爱情——姑娘们从来都真心诚意地热爱成功的男人。

其中一个朋友啪地放下酒杯，激动地说："我打心眼里蔑视这种人！"接着有力地抨击了世风的败坏人心的堕落，雄辩地论证了精神生活的高贵和身外之物的卑俗。最后，尽管他对命运的不公大表义愤，但仍以哲学家的风度宣布他爱他的贫困寂寞的命运。

显然，他是一个非常清高的人。由于他的心灵暗暗受着嫉妒的折磨，更使他的清高有了一种悲剧色彩。

另一个朋友慢慢呷着杯里的酒。懒洋洋地问道："可是，那个家伙的事和你有什么关系呢？"

春醒 / 付百川

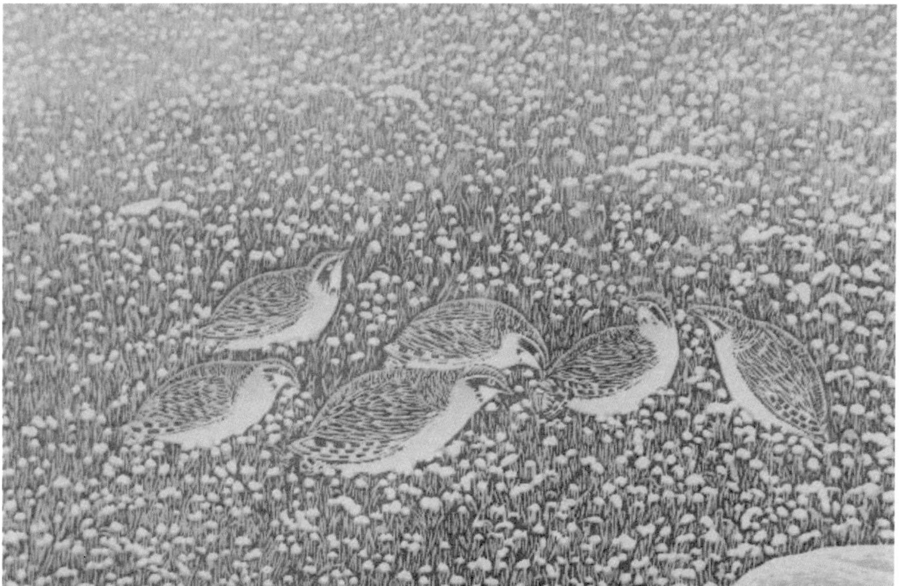

雪韵 / 王伟和

锦鲤的智慧

日本有一种锦鲤鱼，天生具有一个本领，就是随着它生长环境的阔狭而改变自己体形的大小。于是，当锦鲤鱼生长在一只小鱼缸里时，它的身体一般不会超过 5~7 厘米长，但如果把它放进湖水里，它就能长到三倍大的身材。

人和锦鲤鱼是不同的，锦鲤鱼是出于无奈，为了自己的生存而被迫接受着它的环境，而我们人可以自由地设计自己梦想的范围。如果我们是一条大鱼，而生长在一只小鱼缸里，那我们就不应当自甘卑微，而应当勇敢地去寻找属于我们的广阔海洋，虽然起初在离开安乐窝时可能会遇到一些麻烦和痛苦。

梭罗的安慰

美国著名思想家爱默生回忆，在他5岁时，有一次浆果采摘节，他采了一些浆果装在小篮子里，满心欢喜。因急于采摘更多的浆果，他一不小心摔了一跤，篮子里的浆果洒了一地，大部分都摔烂了，在地上流着汁液。爱默生伤心地看着一地的烂浆果，谁安慰都无济于事，许多人把自己篮子里的浆果递给他，可他依旧悲伤。

这时，作家梭罗蹲下身，扶着小爱默生的肩头，说："大自然为了让植物延续生命，总是时不时地派小男生来，把浆果洒到地里，这样新的浆果苗才能长出来，明年这个时候如果你还来，你会惊奇地发现，就在你的脚下，会长出一大片茂盛的浆果。"

爱默生听完终于露出了笑容。

晨曦 / 王金库

青涩的回忆 / 石晓磊

喜欢与尊重

记忆里，村里有个懒汉。村里人鄙夷地评价他“好吃懒做怕动弹”。

小孩子们更是把他当玩物捉弄。

一天，我家门口站着几个叔叔伯伯，跟父亲商量着今年种啥庄稼。父亲掏出香烟散给他们，一人一根地散。那会儿，懒汉很自觉地跟父亲他们有段距离地站在路边，傻傻地瞅着大家笑。父亲竟然走了过去，笑着对懒汉叫了声“明儿兄弟”，递上去一根烟。

那一刻的我觉得父亲做得很不体面，就喊了声：懒汉就不吸烟了。

父亲的脸登时拉了下来，铁青。那天晚上，父亲让我靠墙站着去，那是父亲最严厉的责罚。就是那次，我记住了父亲的一句话：喜欢与尊重是两回事，你可以不喜欢一个人，但没理由不尊重人家。

文字的标准

老周（周云蓬）讲过一个故事，也许可以用来说一下文字的标准。

他住在圆明园时，一个艺术青年掉进了河里，一开始文质彬彬，冒出一个头，对岸上的人招手："能不能救一下？"

沉下去再浮上来的时候他喊："救一下。"

再浮上来的时候已经什么都顾不上了："救命啊！"

写文章就得写到这个份儿上——不吐不快，没有苦吟，也不用琢磨，连修辞都是一种烦琐，诚实道出就是。

生命力系列水彩 / 黄姝

生命力系列水彩 / 黄姝

善意

一个黑人出租车司机载了一对白人母子，孩子问

妈妈：“为什么司机伯伯的皮肤和我们不一样？”

母亲微笑着回答：“上帝为了让世界缤纷，创造了不同颜色的人。”到了目的地，黑人司机坚决不收钱。

他说：“小时候，我也曾问过母亲同样的问题，但是母亲说我们是黑人，注定低人一等。如果她换成你的回答，今天我可能是另外的一个我……”

我们说的话都在撒着不同的种子，善良的语言也许会成就他人的一生。

可爱的支票

瑞典作协的办公大楼坐落在王子大街的一个路口，并不起眼。风格有点类似上海的衡山路、成都的宽窄巷，路两边都是酒吧和餐厅。有趣的是，好几家酒吧满墙挂的都是本国和世界各国来此的作家的头像，而非明星头像。作协的功能之一是代表作家向政府和社会争取权利。比如提议图书馆应该按照书的借阅率，每借阅一次要向作者和译者支付 1 瑞典克朗。安娜去年就收到一张 1 万多瑞典克朗的支票，说明她翻译的中国作家的书被借阅了 1 万多次，这其中包括莫言、余华、贾平凹、苏童、阎连科、刘震云等一线作家的作品。瑞典知识产权的保护就是从每一个细节做起。

伴 / 西禾

茶的禅意

六七年前，我很迷茶、迷沉香。那个时候，先是狠狠地学茶知识，什么绿茶、红茶、黑茶、黄茶……然后又把各种茶分成上中下的等次。

内心的喜乐，是追逐好茶的结果——遇上了好茶，就喜，遇不上好茶，就不喜！分别心很大。后来，慢慢地明白，茶其实本无好坏，有些茶在农家的田头，用大茶壶烧煮，用大碗盛了；有些茶在知识分子的案头，用小炉炭烧，用一口杯端着；有些茶在达官贵人家的客厅，由服务人员端着……

茶，真的有高低贵贱之分吗？

那些年，我到处追逐好茶，然后把好茶藏在家里。

后来我又追逐好的茶器，很是炫耀地用好的紫砂壶，一把还不行，要几把，后来是一百把。然而，茶真的一定要用这些东西来烘托吗？

我们的感觉呢？真正的好茶，应是在我们的感觉里，而不是在紫砂壶或日本铁壶里吧。

茶和茶器，都没有上下之分。分的是我们的分别心而已。是我们的分别心，让茶和茶器染上了人世的俗气，给它们早早地安上了等级，然后又用这些等级来迷惑自己，命令自己或悲或喜。

茶的真境界是什么呢？

一杯茶是一个宇宙，进入茶，就进入了宁静、淡泊、安乐的另一个宇宙，是空无的茶气中万籁寂灭、心物两忘、超然独立的心境。

漫天飞雪

从书卷里挣脱出来，看见雪正从云端向大地倾泻。飞扬的雪花掠过树木、房屋以及城市里各具特色的美丽建筑，悄无声息地迅速覆盖住过去的生活内容，昭示着冬季的君临、寒冷的君临、岁末的君临。

往事如云，烟烟云云在一年之间弥漫。岁末时节，几乎每个人都会不由自主地回忆刚逝去不久的往昔。或许由于梦想成真，正心情怡然地描摹雪与梅构成的浪漫意境；也或许梦想破碎，心事重重地勾画着路旁的松柏木刻般站立在寒冷的季节中。

不管你心境如何，这一年中365里路程，便一程牵着一程的，就要到达终点了。一条路上那大大小小的符号标记，即将串联起满篇文章，发表在你人生的某一个章节里。

没有谁能料想未来以怎样的面目等待我们，所以并非所有的自信开始都预示着抵达辉煌。好在过去的一年里我们又多了一份人性毅力的坚强，就该有信心等待下一次丽日晴空。命运的天空不会总是漫天飞雪的。在这样的泊满雪的日子里，要将遗憾暂且搁起，储蓄起这一年中最宝贵、最难忘、最精致的部分，认定目标，为下一次竭尽全力。也许正是下一次酿就了你的成功。

最初的雪，总让人想起刚刚离我们而去的秋天；而最后的雪，会让我们觉得春天已经不远。

妈妈门前红灯笼 / 李永生

心灵也有家

在山林中与野兽历久周旋的猎人，疲惫地回到他所栖身的山洞，往草堆上一倒，许是要说一句“总算到家了”吧？即使不说，我想，他内心里也是定会有那份儿感觉的。

云游天下的行者，某夜投宿于陋栈野店，头往枕上一挨，许是要说一句“总算到家了”吧？即使不说，我想，他内心里也是定会有那份儿感觉的吧？

一位当总经理的友人，有次邀我到乡下小住，一踏入农户的小院儿，竟情不自禁地说：“总算到家了！”他的话使我愕然良久。为什么，人会将一个山洞、一处野店，乃至别人的家，当成自己的“家”呢？

我思索了数日，终于恍然大悟：原来人除了自己的躯壳需要一个家外，心灵也是需要一个“家”的。至于那究竟是一处怎样的所在，却因人而异了。心灵的“家”乃是心灵得以休憩的地方。休憩的代词当然是“请勿打扰”。是的，任何人的心灵都是需要休憩的，所以心灵有时候不得不从人的家出走，找寻到它自己的“家”。遗憾的是，几乎我们每一个人都有家，而我们疲惫的心灵却似无家可归的流浪儿。朋友，你倘以这种体验去听潘美辰的歌《我想有个家》，难免不泪如泉涌……

守住十月

在岁月匆匆的交替中，熟透甜透的十月，携着辉煌舞着秋风翩然而至。收获的歌声此起彼伏，果实的浓香在空气中荡漾。

先不要去想在匆忙赶路的时候，我们丢失了些什么吧，别让一些患得患失尺短寸长的烦恼占据我们的思想。不要去想可能的灾年，别预支以后的雨雪风霜来剥蚀我们对生活的热情和渴望。种子已经回报了汗水，就该把麦子磨成面粉，烘一份香喷喷的心情，且歌且舞，沉浸幸福。

每个季节都是太阳在人间种下的花，都有着自己独特的明媚。然而，还是让我们守住十月吧，那是用一颗敏感而宽厚的心收藏起每一个令人心动的时刻啊——初春里鹅黄的柳芽，夏空中绚烂的彩霞，寒冬腊月飘坠的雪花；平日里温和关爱的一句话、一抹笑、一个眼神、一种触摸……惟有那样，真切的感动才会时时流入心灵的隧道默默地凝结在心底，淡淡的日子便有了简洁而深刻的诗意。

人的生命历程中，没有哪一段是可以抹去的。人的一生总得有一些收藏。守住十月，是我们憩息在某个驿站，以平和的心境守住那丰富、亮丽、金黄金黄充满暖暖的质感的光阴。然后，擦亮农具，携带新鲜的麦粒，走在通向下一个春天的路上，留下一串串坚实的足迹。

守住十月——其实，是珍藏起一个个美丽的心情。

百合 / 西禾

生命力系列水彩 / 黄姝

幽人生一默

我的剪发师的儿子遭遇车祸，进医院断层扫描，发现脑瘤，立刻动手术切除。

“多走运啊，不撞车不会发现，而且手术费都免了，全有保险公司埋单。”她一边剪头发，一边得意地说。

她去医院探视，看见儿子沿着前额发线一圈刀疤，她还叫好：“哇，缝得这么整齐，好像画了一个大大的M，可以做麦当劳的广告了。”又说，“可惜可惜，要是换成我出车祸该多好，正好借机会拉皮。”

年轻时不懂什么叫“幽默”，以为幽默就是说笑话。要生冷不忌、大腥大辣，逗地大家狂笑。直到年岁渐长，经历了许多灾祸，留下了许多伤疤，才渐渐了解幽默是“知天命”，晓得自己这一辈子能拥有的和不能拥有的；幽默也是“耳顺”，好话坏话、爱听的不爱听的，都能逆来顺受。

眼前浮起一个词人的画面，有人问他经历了这么多的打击，而今是不是总算体会了人生的愁苦？词人没答，只是把头转向窗外，淡淡地说：“天凉了，这秋天多美啊。”

幽幽地，不明说；默默地，不多说。人生多少悲愁，都从正面看，认了、接了，不强求、不抱怨，甚至当成身外事，尽付笑谈中。

早知无计留春住，笑拈残红葬落花。人生若无奈，何不幽他一默。

一生只挖一口井

法国画家雷杜德，他一生就是画花，尤其是玫瑰。任凭法国大革命、政权更迭，人头落地血流成河，他只管画他的玫瑰，整整20年，以一种“将强烈的审美加入严格的学术和科学中的独特绘画风格”记录了170种玫瑰的姿容，成了《玫瑰图谱》，在此后的180年里，以各种语言和版本出版了200多种重版本，平均每年都有新的版本芬芳降临人世……雷杜德，他只做了一件事：画玫瑰，但他的玫瑰成了巅峰，无人逾越，甚至不敢生这样的念头。

如今的许多人，最好身怀十八门技艺，然后同时挖几口井，头顶三四个职务或者身兼五六个身份。如果可以，恨不得将自己大卸八块，分别扔进不同专业的领地里去占个地盘，等而下之的也要卖给不同的老板。还恨不得会土遁术分身术离魂术，好同时出现在几个城市，同时干几件完全不同的事情。这是丰富，还是仓促，芜杂，混乱？

在这样的时代和氛围里，格外怀念一种纯粹：自知，自制，心无旁骛，一生只挖一口井，直到清泉涌出，源源不断。

海棠季 / 西禾

窗口

一个从打开的窗户向里看的人，绝不如一个只看关闭着窗户的人所看到的事情多。一扇被蜡烛照亮的窗户，是最深邃、最神秘、最丰富、最阴郁、最刺眼的。人们在阳光下看到的东西，永远不如在一块玻璃后面发生的事情更有趣、更吸引人。在这个或是黑洞洞、或是光亮的窗洞里，生命在生长，梦想，受难。

越过那些浪峰似的屋顶，我瞥见一个可怜的老妪。她早已枯瘦、干瘪，一直忙于什么事务，终日不出屋。于是，根据她的面容、衣着、举动，甚至于她最微不足道的小事，我为这个老妇人编造了历史，更恰当地说，是她的传奇。有时，我一边哭泣，一边把这个故事讲给自己听。

如果那是一个可怜的老头子，我又会很自如地给他另编一段。

于是，我睡下了，我为能体味到别人的快乐和苦痛而感到很骄傲。

也许你们会问："你这个故事是真实的吗？"

可是，如果它能帮助我懂得，帮助我感到自己的存在，并知道自己怎样存在的话，那么我自身之外的真实又有什么意义呢？

请相信狐狸的猜想

一只饥饿的狐狸，看见几串熟得发黑的葡萄挂在葡萄架上。“啊，多么诱人、多么鲜美的葡萄呀！”狐狸使尽一切绝招儿，可怎么也够不着葡萄。于是他自己骗自己说：“这些葡萄肯定是酸的，吃到嘴里难受死了，送给我也不吃。”然后转身高高兴兴地走了。

《伊索寓言》中这则“狐狸吃不到葡萄说葡萄酸”的故事可谓尽人皆知。多少年来，因其特有的杀伤力，早已被当成嘲讽那些能力低下而又为自己辩解的人的经典武器。然而，当你静下心来，带着自己对生命与事业的体验，以积极的态度重新去细细地品味这个故事时，也许突然间会惊奇地发现：那只狐狸是何等的聪明何等的智慧超群！

狐狸确实很想吃到那诱人的葡萄，可是它经过多次努力都失败了。于是狐狸没有“钻牛角”，它巧妙地转换了一下自己对葡萄的看法，这样，它就不会再为吃不到葡萄而感到难过，而且可以使自己“高兴地走了”。

其实，许多苦恼都源于自己的认知——积极的认知能使人愉快的生活，而消极的认知会使人陷入情绪困扰之中。我们若能够在日常的生活中，偶尔借用一下狐狸的“本领”，便能在一个“乐”字中达到内心的平衡。有时候，那吃不到的葡萄必定是酸的——请相信狐狸的猜想。

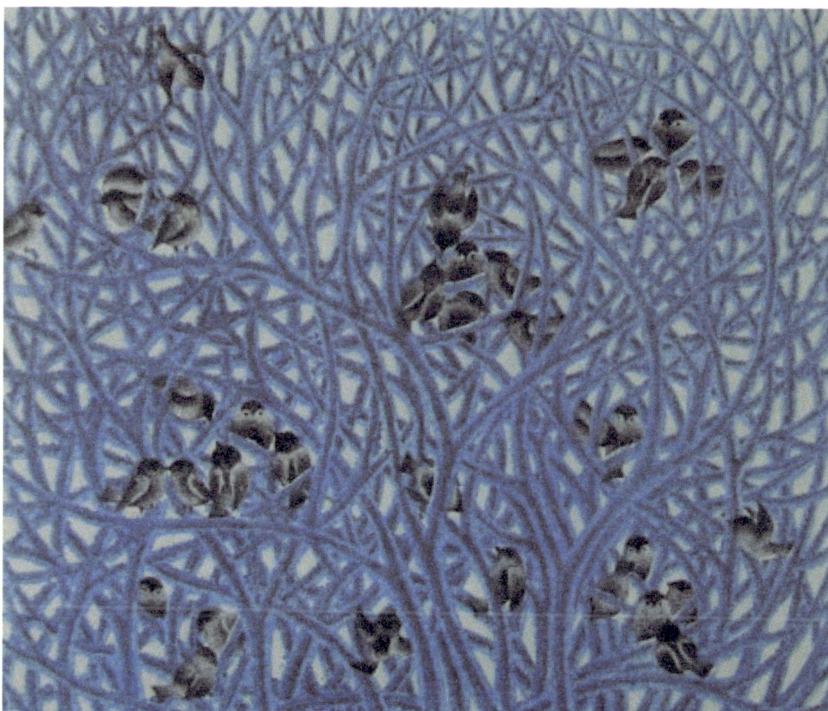

冰雪巢 / 李宝国

苦难不可以欣赏

南非著名新闻摄影家凯文·卡特，1993年远赴硝烟弥漫的苏丹，在一个叫伊阿德的村庄的一棵大树底下，发现了一个异常瘦弱、饥饿得无法站立的黑人小女孩，蝇虫在她黑小的身躯上乱舞，肮脏不堪、惨不忍睹。

卡特选好角度，准备拍摄。忽然天空飞来一只饥饿的老鹰，恶狠狠地盯着女孩，最后停在了皮包骨头的女孩身旁，仿佛随时都会向可怜的小女孩扑去。卡特连忙按下了快门，拍下了这幕令世人无比心碎的凄惨场景。

这张震撼人心的照片获得了当年度的普利策新闻摄影奖。当卡特在美妙的音乐声中走上领奖台时，他的耳畔仿佛响起了无数个质问的怒吼：那个无比可怜的小女孩呢?!

这位普利策奖得主、南非著名摄影家凯文·卡特，于1994年7月27日被人们发现在他的小货车内自杀身亡，终年33岁。人们在他的座位上找到一张纸条："真的，真的对不起大家，生活的痛苦远远超过了欢乐的程度。"

人们可以欣赏艺术、人文、自然、美食、美景、美女……唯独拒绝欣赏苦难，尤其是无辜弱小者的苦难！

属于别人的画像

我在初中二年级成了美术课的课代表。

回想起来我们的美术老师陆先生实在是一个高明之人，他反对同学们照范本临摹，而重视写生。作人体写生需要模特，当然只能在同学中就地取材，我作为美术课代表首当其选。

不用脱光衣服，只是穿了内衣站在讲台上。所有同学都冲着我笑，向我扮鬼脸，而把我引笑了又大声嚷嚷说我表情不稳定，不像合格的模特。

站了整整两节课，大家终于都画完了，老师收上大家的画稿给我看。这一看可把我吓坏了，奇胖的、极瘦的、不穿衣服的（当然是男同学画的）、长胡子的、发如乱柴的，涂了口红的（多半是女同学画的），全是我，每幅上端都大大咧咧地写了我的名字。

我为什么被这般“糟蹋”？因为我站在台上，突然成了公众人物。全班同学仰望我，因此也取得了随意刻画我的权利。画得好或不好，都写了我的名字，但与我的面貌形体关系不大，只取决于各位同学自己的水平。教师一一为他们打了分，这些分数都不属于我，而属于他们。

金色眷恋 / 王守建

假如希望真的能飞

100多年前，有位穷苦的牧羊人带着两个年幼的儿子替别人放羊。一天，他们赶着羊来到一个山坡上，一群大雁鸣叫着从他们头上飞过，很快消失在远方。牧羊人的小儿子问父亲："大雁要往哪里飞？"牧羊人说："它们要去一个温暖的地方，在那里安家，度过寒冷的冬天。"大儿子眨着眼睛羡慕地说："要是我们也能像大雁那样飞起来就好了。"小儿子也说："要能做一只会飞的大雁多好啊！"

牧羊人沉默了一会儿，然后对儿子们说："只要你们想，你们也能飞起来。"

两个儿子试了试，都没能飞起来，他们用怀疑的眼神看着父亲。牧羊人说"让我飞给你们看。"于是他张开双臂，学着大雁的样子，但也没能飞起来。可牧羊人肯定地说："我因为年纪大了才飞不起来，而你们还太小，只要不断努力，将来就一定能飞起来。到那时，你们就可以去任何想去的地方了。"

兄弟俩牢牢记住了父亲的话，并一直不懈地努力着。等到他们长大——哥哥 36 岁、弟弟 32 岁时，两人果真飞起来了，因为他们发明了飞机。

这个牧羊人的两个儿子，就是美国著名的莱特兄弟。

信念是一支火把，它可以燃起一个人的激情和潜能，让他飞入梦想的天空。

有时我们也会说：“我想……”但是，我们只是“说”而没有“想”。

如果真的“想”，就一定会付诸行动，而且一直朝着“想”的方向。

刻在桥上的名字

乌拉是欧洲一个水上旅游小镇。人们出行靠船靠桥，生活悠闲安逸。

在这座水之小镇，最大的特色就是各式各样的桥，处处或横或卧，或高或矮。但你在这个小镇，看不到一座新建的桥。你所看到的这些桥，都是几十年甚至是几百年前建造的。

古桥经过那么多年的日晒雨淋、河水浸泡，依然坚固挺立，没有一座桥让人感到年久失修、岌岌可危。人走在桥上，船行在桥下，悠然自在。

更让人感到奇怪的是，无论大桥小桥，在最显眼的地方，不是悬挂着巨大的广告，而是刻着这座桥设计者的名字、施工单位的名称，还有所有施工者的名字。以前我看到的大桥小桥都只有桥名，鲜有看到上面刻着设计者、施工单位以及全部施工人员的名字，因此觉得乌拉小镇政府对设计者、施工单位、施工者是多么尊重啊！

可导游和当地人却给了我这样一个答案：在桥上刻上他们的名字，并不是为了让他们更有成就感，而是在增加桥梁设计和施工者的责任感——当桥有质量问题时要追究责任。

低头深思，不得不佩服这种睿智：每座桥上刻上承建者的名字，是让他们承担一种责任，一种永远也推卸不掉的责任！更在敦促他们在建造桥的时候，倾尽所有智慧，把每一个细节都做到尽善尽美，不让桥在建成之后有“后顾之忧”。所以，乌拉镇的桥，每一座都是有担当的桥。

小鸟天堂 / 王守建

故宫的钥匙

我和故宫博物院的老郑院长坐在小院里喝酒。酒是老家自酿的，他用敦厚的陕西话念着诗词："谁念西风独自凉？萧萧黄叶闭疏窗，沉思往事立斜阳……"

咂一口酒，他抬眼问我："于丹，你知道故宫有多少把钥匙吗？"

我摇摇头。

"5000 多把！我们有 1700 把锁，一把锁起码有 3 把钥匙，还有好多明代的钥匙被收起来了。早晨 7 点和下午 5 点是大伙儿集中领钥匙、还钥匙的时候，就像这会儿，有光有阴，光而不耀，阴而不沉。"

"您喜欢夕阳？"

"其实，我也爱朝阳。每天早上我们领了钥匙，在晨光熹微中开锁推门，同时喊一声：'开门喽！'有人还伴着一声咳嗽。为什么？大家这是在给宫里那些黄鼠狼、刺猬、蛇提个醒，打声招呼：'嗨！有人来了。'"

"呵呵……万物有灵，据说这是清朝传下来的规矩。知道为什么我给你念那首诗词吗？"

"因为夕阳。"

"看着夕阳，我突然想起母亲。那一年，母亲去世 3 天之后，我的孙女出世了，那是怎样一种人生况味啊！"

“悲欣交集。”

“对，悲欣交集，感慨莫名，如同故宫里那一扇扇院门。无论手上有多少把钥匙，开门前的一刻谁能预知里面是狐狸，还是兔子？我们能做的就是当朝阳升起时，看看变幻的光影；夕阳西下，满院瑟瑟而余温犹存，我们轻掩门扉。今天关一扇门，明天开一扇门，大约这就是人生。”

一个善念躲过了危险

在第二次世界大战中的一天，盟军欧洲最高统帅艾森豪威尔在法国的某地乘车返回总部，参加紧急军事会议。

那一天大雪纷飞，天气寒冷，汽车一路疾驰。

在前不着村后不着店的途中，艾森豪威尔忽然看到一对法国老夫妇坐在路边，冻得瑟瑟发抖。

艾森豪威尔立即命令停车，让身旁的翻译官下车去询问。一位参谋提醒说：“我们必须赶到总部开会，这种事情还是交给当地警方处理吧。”其实连参谋自己也知道，这不过是一个托辞。

艾森豪威尔坚持下车去问，他说：“如果等到警方赶来，这对老夫妇可能早就冻死了！”

经过询问后知道，这对老夫妇是去巴黎投奔儿子，但是汽车在中途抛锚了。他们在茫茫大雪中连个人影都看不到，正不知如何是好呢。

艾森豪威尔立即请他们上车，并先将老夫妇送到巴黎儿子家里。

彼时的盟军欧洲最高统帅并没有去想自己的身份，他命令停车的霎间，只是出于人性中善良的本能。

然而，事后得到的情报让所有随行人员震撼不已。

原来，德国纳粹的阻击兵已预先埋伏在他们的必经之路。那天，希特勒认定盟军最高统帅死定了，但阻击流产，事后他怀疑情报不准确——希特勒哪里知道，艾森豪威尔为救那对老夫妇于危难之中而改变了行车路线。

历史学家评论道：艾森豪威尔的一个善念躲过了危险，否则第二次世界大战的历史也许就被改写了。

那时候——你还不懂得

时间是个有趣的过程，你永远不知道它会怎样改变你。

曾经不喜欢的食物、不喜欢的酒、不喜欢的书或不喜欢的人，后来有一天，却喜欢上了。

曾经觉得不好喝的酒，或许是当时还没有到好的年份，或许是那时候还不懂得它的好。它就像你买回来的一本书，随手翻了几页，觉得不好看，就被搁在一边。若干年后，你无意中再拿起来看，却“惊为天人”，恨自己当时错过了这么好的一本书。其实，你并没有错过。这就像两个人的相遇，没有早一步，也没有迟一步，于茫茫的天地间，于无涯的时光里，就是这一刻。

只是，相遇和相爱之前，我们都要经历一个过程。

时间也是觉醒。曾经解不开的奥秘，曾经想不通的事情，曾经不懂的心，后来有一天，终于明白了。

年纪小的时候，我们向往的浪漫是拥有，拥有一个很爱自己的人，拥有一段刻骨铭心的爱情。

后来，我们渴望拥有更多，除了承诺和约定，还有一起追逐的梦想。后来的后来，我们希望所有美好的东西能够永远拥有。然后有一天，我们幡然醒悟，浪漫是能够舍弃；只有能够舍弃的人，才是最浪漫的。为什么从前没有这种智慧？为什么从前不了解浪漫？

别恨自己，那时候，你还不懂得。

Calendar

2018

1/JANUARY

S	M	T	W	T	F	S
	1	2	3	4	5	6
	十五	十六	十七	十八	十九	二十
7	8	9	10	11	12	13
廿一	廿二	廿三	廿四	廿五	廿六	廿七
14	15	16	17	18	19	20
廿八	廿九	三十	腊月	初二	初三	初四
21	22	23	24	25	26	27
初五	初六	初七	初八	初九	初十	十一
28	29	30	31			
十二	十三	十四	十五			

2/FEBRUARY

S	M	T	W	T	F	S
				1	2	3
				十六	十七	十八
4	5	6	7	8	9	10
十九	二十	二一	廿二	廿三	廿四	廿五
11	12	13	14	15	16	17
廿六	廿七	廿八	廿九	三十	正月	初二
18	19	20	21	22	23	24
初三	初四	初五	初六	初七	初八	初九
25	26	27	28			
初十	十一	十二	十三			

3/MARCH

S	M	T	W	T	F	S
				1	2	3
				十四	十五	十六
4	5	6	7	8	9	10
十七	十八	十九	二十	廿一	廿二	廿三
11	12	13	14	15	16	17
廿四	廿五	廿六	廿七	廿八	廿九	二月
18	19	20	21	22	23	24
初二	初三	初四	初五	初六	初七	初八
25	26	27	28	29	30	31
初九	初十	十一	十二	十三	十四	十五

4/APRIL

S	M	T	W	T	F	S
1	2	3	4	5	6	7
十六	十七	十八	十九	二十	廿一	廿二
8	9	10	11	12	13	14
廿三	廿四	廿五	廿六	廿七	廿八	廿九
15	16	17	18	19	20	21
三十	三月	初二	初三	初四	初五	初六
22	23	24	25	26	27	28
初七	初八	初九	初十	十一	十二	十三
29	30					
十四	十五					

5/MAY

S	M	T	W	T	F	S
		1	2	3	4	5
		十六	十七	十八	十九	二十
6	7	8	9	10	11	12
廿一	廿二	廿三	廿四	廿五	廿六	廿七
13	14	15	16	17	18	19
廿八	廿九	四月	初二	初三	初四	初五
20	21	22	23	24	25	26
初六	初七	初八	初九	初十	十一	十二
27	28	29	30	31		
十三	十四	十五	十六	十七		

6/JUNE

S	M	T	W	T	F	S
					1	2
					十八	十九
3	4	5	6	7	8	9
二十	廿一	廿二	廿三	廿四	廿五	廿六
10	11	12	13	14	15	16
廿七	廿八	廿九	三十	五月	初二	初三
17	18	19	20	21	22	23
初四	初五	初六	初七	初八	初九	初十
24	25	26	27	28	29	30
十一	十二	十三	十四	十五	十六	十七

7/JULY

S	M	T	W	T	F	S
1	2	3	4	5	6	7
十八	十九	二十	廿一	廿二	廿三	廿四
8	9	10	11	12	13	14
廿五	廿六	廿七	廿八	廿九	六月	初二
15	16	17	18	19	20	21
初三	初四	初五	初六	初七	初八	初九
22	23	24	25	26	27	28
初十	十一	十二	十三	十四	十五	十六
29	30	31				
十七	十八	十九				

8/AUGUST

S	M	T	W	T	F	S
			1	2	3	4
			二十	廿一	廿二	廿三
5	6	7	8	9	10	11
廿四	廿五	廿六	廿七	廿八	廿九	七月
12	13	14	15	16	17	18
初二	初三	初四	初五	初六	初七	初八
19	20	21	22	23	24	25
初九	初十	十一	十二	十三	十四	十五
26	27	28	29	30	31	
十六	十七	十八	十九	二十	廿一	

9/SEPTEMBER

S	M	T	W	T	F	S
						1
						廿二
2	3	4	5	6	7	8
廿三	廿四	廿五	廿六	廿七	廿八	廿九
9	10	11	12	13	14	15
三十	八月	初二	初三	初四	初五	初六
16	17	18	19	20	21	22
初七	初八	初九	初十	十一	十二	十三
23	24	25	26	27	28	29
十四	十五	十六	十七	十八	十九	二十
30						
廿一						

10/ OCTOBER

S	M	T	W	T	F	S
	1	2	3	4	5	6
	廿二	廿三	廿四	廿五	廿六	廿七
7	8	9	10	11	12	13
廿八	廿九	腊月	初二	初三	初四	初五
14	15	16	17	18	19	20
初六	初七	初八	初九	初十	十一	十二
21	22	23	24	25	26	27
十三	十四	十五	十六	十七	十八	十九
28	29	30	31			
二十	廿一	廿二	廿三			

11/NOVEMBER

S	M	T	W	T	F	S
				1	2	3
				廿四	廿五	廿六
4	5	6	7	8	9	10
廿七	廿八	廿九	三十	十月	初二	初三
11	12	13	14	15	16	17
初四	初五	初六	初七	初八	初九	初十
18	19	20	21	22	23	24
十一	十二	十三	十四	十五	十六	十七
25	26	27	28	29	30	
十八	十九	二十	廿一	廿二	廿三	

12/DECEMBER

S	M	T	W	T	F	S
						1
						廿四
2	3	4	5	6	7	8
廿五	廿六	廿七	廿八	廿九	冬月	初二
9	10	11	12	13	14	15
初三	初四	初五	初六	初七	初八	初九
16	17	18	19	20	21	22
初十	十一	十二	十三	十四	十五	十六
23	24	25	26	27	28	29
十七	十八	十九	二十	廿一	廿二	廿三
30	31					
廿四	廿五					

对于不断创新的你——这是最好的时代

身处巨变而伟大的时代，每一个创业者都拥有自己的梦想。你为事业不断努力，我们努力为你创造更广阔的天地。

和今天一样，上世纪的九十年代，无数怀揣梦想的文化艺术青年聚集北京。他们为实现自己的“北京梦”而成为北漂一族。其中一位聪明而富有激情的年轻人，选择了不同的创业道路：给追梦者一个创业的家园。

1997 年，北京朝阳区光华路汽配六厂，现在的中央电视台新址。一个 3000 平米的旧厂房仓库是尚巴第一个为艺术家、设计师、摄影师改造的的艺术工作空间。这里是梦想的舞台 ，也是尚巴不断地顺应时代进步，并成为中国文创产业先行者的起点。

2007 年，以郎家园 8 号为契机，尚 8 品牌创建。在 CBD 中央商务核心区打造“尚 8 文化创意产业园”，成为 CBD 独一无二的文化绿洲。以此，尚 8 确立了“以工业遗存资源为载体、保留历史文脉与时代记忆情怀，发展以智慧内容为核心的文化创意产业”的大理想。

十九年的探索，万余家的文化企业资源储备，尚 8 在时空的交错与巨变中颠覆、融合、创新、发展。

今天，在北京，有尚 8 国际广告园、尚 8 里新媒体园、尚 8 人文创意产业园、营 8 号国际文创基地、艺术 8——中欧艺文之家、尚 8 设计家、尚 8 西城区设计园、尚 8 东区孵化园、西三旗文化科技园区、尚 8 国际艺术区等 15 个城市地标型文创园区项目。

每一个园区都是一个时代、一种文化的标志性事实。他们保留着时代的记忆与情怀，他们继承着文脉的渊源与再造，他们更是承载着青春的梦想与创业的激情。

大家庭

空间是形态，他包含了网络、物、思想和数据。但是他的核心是“人”；是创意人、是艺术家、是年轻人…最重要的他们都是“家人”。在创业的进程中，遇到无数志同道合、情艺相近的朋友。不仅体会他们的甜酸苦辣，而且感知彼此的支持与帮助。你任意走进的一家公司或一个工作间，你会发现那些善意的微笑，是快乐与自由释然的本真。资源聚合、商务注册、法务咨询、财务管理、投融资对接...... 这些务实的服务背后，尚巴让你找到朋友、客户、资源和灵感。

大学校

尚巴也是一所大学校。从尚巴不断地走出来一个又一个独角兽企业，乐视、360，这些榜样的力量一直激励着尚巴园区的创业伙伴们不断前行。每年平均150场各类园区、社区、街区的活动，带动着大家互相学习、互相鼓舞。 正是他们在这里发展成长，并引领着中国文化事业的蓬勃进步。谁能肯定，那个从隔壁公司走出的年轻人，几年后或许就是下一个贾跃亭、周鸿祎?!

大舞台

当“互联网+”的概念风靡全国的时刻，尚巴已经探索实践互联网家园。在北京分布着15个园区，综合859家客户，园区每天的创意人达一万五千人…这里的创意人自然形成巨大的网络，激活一个“网点”，就会触发全网络的共鸣。由此构建出一个个“舞台”，每个舞台，也是梦想展翅的天地。尚巴助力中小微企业成长，打造新时代的商业巨人！

大家庭、大学校、大舞台的尚巴，孕育着无数创意的因子。这些因子为北京这座古城的“城市创意循环”增加生机勃勃的动能。我们为这座城市自豪，更为这个城市无限延展的创新活力（而感到骄傲）勾勒创意的轮廓。尚巴，让城市和你更有创意！

这是最好的时代！这里是尚巴，这里是北京，是中国，更是世界。

在尚巴 事竟成！

图书在版编目（CIP）数据

学习与品读：半月谈新媒体中心编著

北京：新华出版社

ISBN 978-7-5166-2778-5

Ⅰ．①学… Ⅱ．①半… Ⅲ．①社会科学－文集 Ⅳ．①C53

中国版本图书馆CIP数据核字（2016）第201863号

学习与品读

作者：半月谈新媒体中心

责任编辑：雒　悦　　**责任印刷**：廖成华

封面设计：朱珊珊

出版发行：新华出版社　　**邮编**：100040

地址：北京石景山区京原路8号　　**经销**：新华书店

在线订购网址：mall.banyuetan.org

购书热线：400-851-5558/010-57166564

照排：半月谈新媒体中心

印刷：北京凯达印务有限公司

成品尺寸：145mm×210mm　　**开本**：32

印张：16　　**字数**：83.8千字

版次：2016年8月第一版　　**印次**：2016年8月第一次印刷

书号：ISBN 978-7-5166-2778-5

定价：65.00元